Comment trouver

Meilleurs clients sur Internet

Résumé

- *Introduction*
- *Identifier le client idéal*
- *Utiliser des questions psychographiques pour trouver votre client idéal*
- *30 questions psychographiques pour comprendre votre public cible*
- *Comment trouver les meilleurs clients sur Internet*
- *Instagram + 2 milliards d'utilisateurs actifs*
- *Utiliser les hashtags à votre avantage*
- *Comment approcher les gens sur Internet*
- *Comment approcher les professionnels sur Linkedin*
- *Comment trouver des clients sur YouTube*
- *Comment prospecter des entreprises sur Google*
- *Les erreurs qui vous empêchent de trouver vos clients idéaux*
- *L'importance du suivi en prospection*
- *méthode 30D*
- *Entonnoir relationnel avec messagerie sur les réseaux sociaux*
- *Créer une proposition commerciale impossible à ignorer*
- *Conclusion*

Introduction

Trouver les clients les plus précieux sur Internet peut sembler quelque chose d'extraordinaire…

mais ce n'est pas!

Lorsque vous comprenez les bons mécanismes, l'approche subtile et à quoi ressemblent vos routines, le client apparaît comme si vous étiez la **seule solution pour lui**.

Tout est lié à votre communication, à votre livraison et à la valeur que vous générez.

Identifiez votre profil client idéal et comprenez ses besoins et ses attentes, afin de pouvoir proposer des solutions efficaces et gagner la confiance des consommateurs les plus précieux du marché.

Et c'est précisément dans l'intention de vous aider dans cette recherche que j'ai créé ce matériel, afin que vous puissiez acquérir la confiance nécessaire pour approcher les clients de vos rêves.

Grâce aux informations et aux stratégies contenues dans ce document, vous pourrez vous démarquer sur le marché et atteindre le succès dont vous avez toujours rêvé. Alors préparez-vous à explorer tout le potentiel de votre entreprise et à gagner les meilleurs clients!

Identifier le client idéal

Identifier le profil du client idéal est essentiel pour toute entreprise qui cherche à proposer des solutions efficaces et à réussir ses stratégies commerciales.

Il est nécessaire de comprendre les besoins et les attentes du public cible afin de répondre de manière satisfaisante aux demandes et de fidéliser les consommateurs.

Pour commencer à identifier le profil client idéal, il est important de définir le créneau de marché dans lequel l'entreprise opère.

Sur cette base, il est possible d'analyser le comportement des consommateurs, leurs caractéristiques, désirs et préférences, ainsi que les principales tendances et opportunités du secteur.

Un autre aspect pertinent est la collecte de données et d'informations au moyen d'enquêtes, de questionnaires, d'entretiens et d'analyses de données. Ces outils vous permettent d'identifier les modèles et les comportements des consommateurs, en plus de comprendre ce qu'ils attendent d'un produit ou d'un service.

En connaissant le profil du client idéal, il devient plus facile d'élaborer des stratégies de marketing, de communication et de vente ciblées qui répondent de manière affirmée et efficace aux besoins et aux attentes des consommateurs.

De plus, il est possible d'améliorer les produits ou services offerts, en ajoutant de la valeur et en se démarquant de la concurrence.

Un autre point important est d'entretenir une relation étroite avec les clients, d'être à l'écoute de leurs suggestions et critiques et de chercher constamment à améliorer l'expérience du consommateur avec la marque. Cela contribue à fidéliser le public et à créer un cercle vertueux de références et de recommandations.

Utiliser des questions psychographiques

pour trouver le client idéal

Les questions psychographiques cherchent à comprendre le comportement, les traits de personnalité, les valeurs et les intérêts d'un individu.

Ils contribuent à établir un profil plus complet du public cible d'un produit ou d'un service, allant au-delà des caractéristiques démographiques telles que l'âge, le sexe et la situation géographique.

Les questions psychographiques explorent les motivations, les désirs et les besoins du public cible, permettant à l'entreprise de développer une stratégie plus efficace pour communiquer avec lui et proposer des solutions qui répondent à ses attentes.

Ces questions peuvent être posées lors d'études de marché, d'entretiens, de questionnaires et d'autres types d'approches directes auprès du public cible. Il est important qu'il s'agisse de questions ouvertes, qui permettent au répondant de donner des réponses plus complètes et honnêtes, sans se limiter à des options prédéfinies.

Les questions psychographiques sont un outil précieux pour comprendre le comportement du public cible et définir le client idéal, permettant à l'entreprise de développer des stratégies plus efficaces pour conquérir et fidéliser ses clients.

30 questions psychographiques pour comprendre votre public cible

Découvrez dès maintenant, 30 exemples de questions psychographiques qui peuvent vous aider à mieux comprendre le profil de votre client idéal :

Quelle est votre vision du monde ?

Quelles sont vos valeurs personnelles ?

Quel est votre but dans la vie ?

Quelles sont vos convictions les plus fortes ?

Comment vous définissez-vous?

Comment vous voyez-vous par rapport aux autres ?

Quels sont vos hobbies et intérêts?

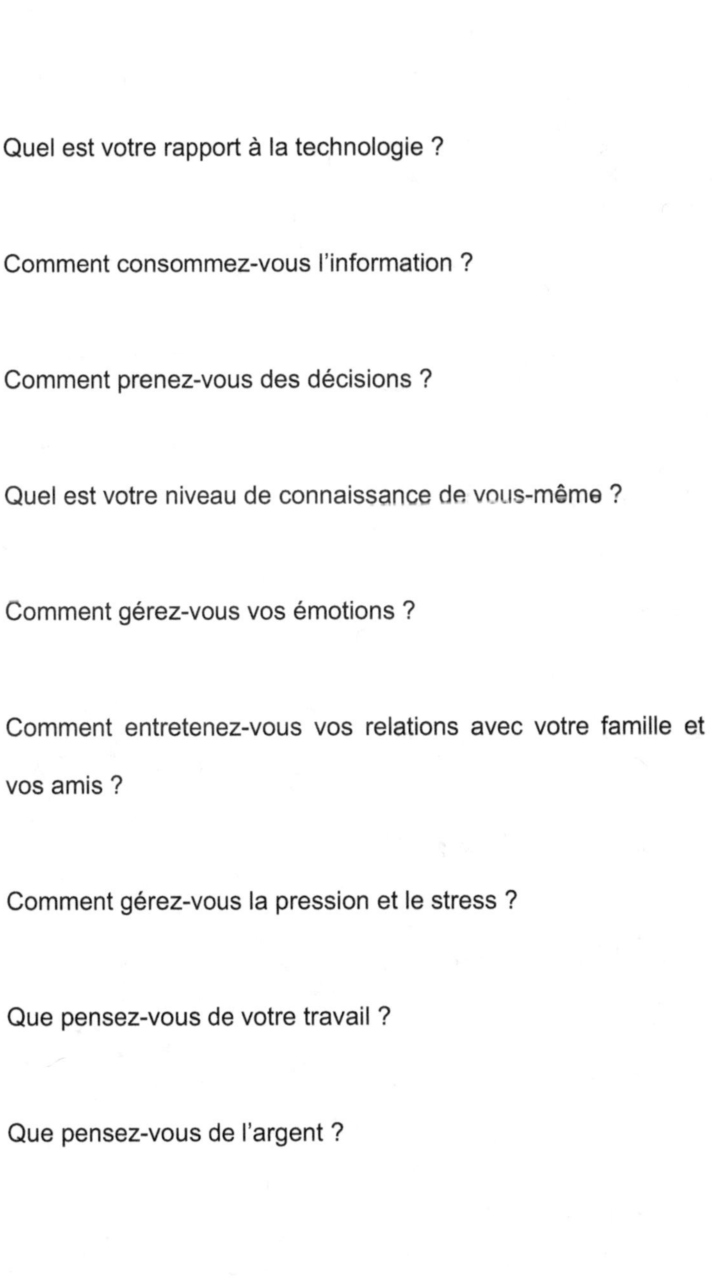

Quel est votre rapport à la technologie ?

Comment consommez-vous l'information ?

Comment prenez-vous des décisions ?

Quel est votre niveau de connaissance de vous-même ?

Comment gérez-vous vos émotions ?

Comment entretenez-vous vos relations avec votre famille et vos amis ?

Comment gérez-vous la pression et le stress ?

Que pensez-vous de votre travail ?

Que pensez-vous de l'argent ?

Que pensez-vous de la santé ?

Que pensez-vous du bonheur ?

Que pensez-vous de la spiritualité ?

Que ressentez-vous par rapport à l'amour ?

Que pensez-vous de l'éducation ?

Que pensez-vous de la culture ?

Que pensez-vous de la politique ?

Que pensez-vous de la religion ?

Que pensez-vous de la justice ?

Que pensez-vous de la liberté ?

Que pensez-vous de l'environnement ?

Que pensez-vous de la technologie ?

Que pensez-vous de la mode ?

Que pensez-vous de la nourriture ?

Ces questions peuvent vous aider à mieux comprendre les intérêts, les désirs, les valeurs et les croyances de votre public cible, ce qui est essentiel pour créer une stratégie marketing efficace.

N'oubliez pas que toutes les questions ne sont pas pertinentes pour tous les types d'entreprises et qu'il est important de les adapter en fonction de votre segment et de votre objectif.

Comment trouver les meilleurs clients sur Internet

Trouver des clients potentiels sur Internet peut être une tâche difficile, mais il existe plusieurs façons d'identifier et d'attirer des acheteurs potentiels.

Certaines des principales stratégies sont :

Faites de la publicité sur les réseaux sociaux, tels que Facebook, Instagram et LinkedIn ;

Utilisez des mots-clés stratégiques sur votre site Web et votre blog pour augmenter la visibilité dans les moteurs de recherche ;

Participer à des groupes de discussion sur les réseaux sociaux en lien avec votre niche de marché ;

Produisez du contenu pertinent et partagez-le sur vos réseaux sociaux et votre blog ;

Participer à des événements et webinaires en ligne ;

Collaborer avec d'autres entreprises qui servent le même public cible ;

Faire des publicités payantes sur Google Ads ou les réseaux sociaux ;

Utiliser LinkedIn pour réseauter et prospecter des clients potentiels ;

Créez une page de destination pour capturer les prospects intéressés par votre produit ou service ;

Utilisez des influenceurs numériques pour promouvoir votre marque ;

Utilisez Google My Business pour promouvoir votre entreprise sur des cartes et des recherches locales ;

Associez-vous à des blogs et des sites Web liés à votre marché de niche ;

Utiliser des outils d'automatisation du marketing pour générer des leads ;

Utilisez Google Analytics pour surveiller le trafic sur votre site Web et identifier les opportunités d'amélioration ;

Utilisez des vidéos pour présenter votre produit ou service ;

Utilisez Pinterest pour promouvoir votre produit ou service à travers des images ;

Participez à des forums en ligne liés à votre marché de niche ;

Faites des publicités sur des podcasts liés à votre niche de marché ;

Utilisez TikTok pour promouvoir votre produit ou service à travers des vidéos courtes et créatives.

Les réseaux sociaux sont devenus un outil puissant pour connecter les personnes et les entreprises du monde entier. Dans chacun d'eux, Il est possible de trouver une grande variété de profils et d'intérêts, ce qui permet de découvrir des experts et des clients potentiels de manière efficace et créative.

En parcourant les réseaux sociaux, il est possible de trouver des groupes et des communautés de personnes partageant les mêmes intérêts et objectifs. De cette façon, vous pouvez vous connecter avec des personnes qui ont des besoins et des désirs similaires à ceux proposés par votre entreprise, créant ainsi une base de clients potentiels qui peuvent être impactés par les solutions que vous proposez.

De plus, les réseaux sociaux offrent également une variété d'outils permettant la segmentation et l'analyse de profils, permettant de trouver des experts et des clients potentiels en fonction de leurs intérêts et de leurs comportements en ligne.

Grâce à cela, il est possible de créer des approches plus personnalisées et ciblées, augmentant ainsi les chances de succès dans la conversion de ces contacts en véritables clients.

Mais pour que cela se produise, vous devez toujours être attentif et rechercher constamment de nouvelles connexions.

Les médias sociaux offrent de nombreuses opportunités pour trouver et entrer en contact avec des experts et des clients potentiels, mais vous devez investir du temps et de l'énergie dans cette recherche pour obtenir les résultats souhaités.

Par conséquent, si vous cherchez à trouver le client de vos rêves, les réseaux sociaux sont une excellente option. Investissez dans la recherche, cherchez à vous connecter avec des personnes et des entreprises pertinentes dans votre niche, participez à des groupes et des communautés, posez des questions et proposez des solutions personnalisées. Avec du dévouement et de la stratégie, il est possible de trouver les clients idéaux et de les transformer en d'excellents partenaires commerciaux.

Instagram + 2 milliards d'utilisateurs actifs

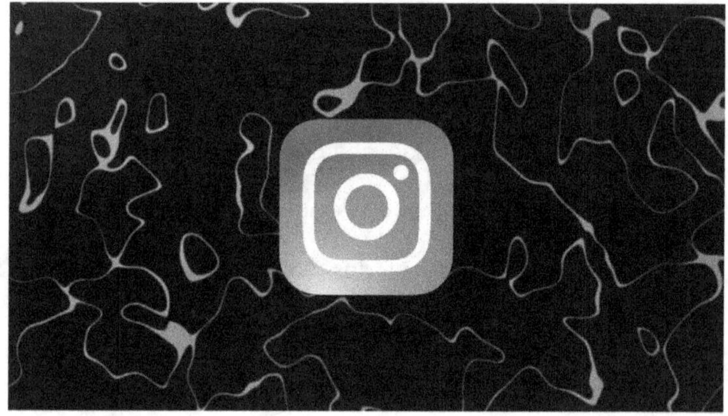

Instagram est l'un des réseaux sociaux les plus utilisés au monde et constitue une excellente plateforme pour ceux qui souhaitent réaliser des études de marché et trouver des clients potentiels.

Consultez un guide étape par étape sur la façon de rechercher sur Instagram à l'aide de hashtags et explorez :

Définissez vos termes de recherche : commencez par définir les termes que vous souhaitez rechercher, tels que des mots-clés liés à votre marché de niche ou à votre secteur d'activité.

Accédez à l'onglet de recherche : appuyez sur l'icône en forme de loupe dans le coin inférieur de l'écran pour accéder à l'onglet de recherche Instagram.

Sélectionnez l'option « tags » : dans l'onglet de recherche, sélectionnez l'option « tags » et saisissez les mots-clés que vous souhaitez rechercher.

Explorez d'autres options : en plus des hashtags, vous pouvez explorer d'autres options dans l'onglet de recherche, telles que l'onglet « Explorer ».

Dans cette option, Instagram affiche des suggestions de publications, de profils et de hashtags en fonction de vos intérêts et comportements sur le réseau social.

Analyser les résultats : Après avoir effectué la recherche, analysez les résultats et explorez les publications, profils et hashtags liés à vos termes de recherche.

Cherchez à identifier des clients potentiels et des experts en la matière, et interagissez avec eux via des commentaires, des likes et des messages directs.

Utilisez des outils d'analyse : pour améliorer vos recherches, vous pouvez utiliser des outils d'analyse de hashtag et de profil, qui vous permettent d'identifier les métriques et les comportements des utilisateurs liés à vos termes de recherche.

En suivant ces étapes, vous pourrez effectuer des recherches efficaces sur Instagram et trouver des clients potentiels et des experts en la matière. Pensez à interagir de manière authentique et personnalisée, en proposant des solutions adaptées aux besoins de vos interlocuteurs.

Utiliser les hashtags à votre avantage

Les hashtags sont un outil important sur Instagram pour trouver de nouveaux clients et se connecter avec des personnes intéressées par votre produit ou service. En utilisant les bons hashtags, vous pouvez augmenter la visibilité de votre profil et toucher un public plus large.

Pour utiliser des hashtags sur Instagram pour trouver des clients, suivez ces étapes :

Identifiez les hashtags pertinents : recherchez les hashtags les plus utilisés dans votre marché de niche. Cela peut inclure des hashtags liés à votre domaine d'expertise, à votre produit ou service, ou encore aux intérêts de votre public cible.

Ajoutez des hashtags à votre publication : lors de la création d'une publication sur Instagram, ajoutez des hashtags pertinents dans la légende ou les commentaires.

Il est important de ne pas exagérer le nombre de hashtags utilisés, car cela pourrait nuire à la qualité de votre publication.

Rechercher des hashtags pertinents : utilisez des hashtags pertinents pour trouver des clients potentiels.

Recherchez les hashtags avec lesquels votre public cible interagit généralement et rejoignez les conversations qui se déroulent sur ces hashtags.

Suivez les utilisateurs qui utilisent ces hashtags : lorsque vous trouvez des utilisateurs intéressants qui utilisent les hashtags pertinents, suivez-les pour établir une relation et devenir visible pour eux.

Interagissez avec les utilisateurs qui utilisent ces hashtags : commentez et aimez les publications des utilisateurs qui utilisent les hashtags pertinents.

Cette interaction peut générer de nouvelles opportunités commerciales et augmenter la visibilité de votre profil.

En utilisant stratégiquement les hashtags sur Instagram, vous pouvez augmenter la visibilité de votre profil, trouver de nouveaux clients potentiels et développer efficacement votre entreprise.

Par exemple, une thérapeute peut utiliser des hashtags sur Instagram pour trouver des clients potentiels intéressés par ses services et augmenter la visibilité de son profil.

Voici quelques exemples de la façon dont un thérapeute peut utiliser correctement les hashtags :

#thérapie comportementale, #thérapie familiale, #psychologie clinique, entre autres. Elle peut également utiliser des hashtags liés aux problèmes qu'elle traite, comme #anxiété, #dépression, #relations, entre autres.

N'oubliez pas qu'il est important d'utiliser des hashtags pertinents et d'interagir avec les utilisateurs qui les utilisent pour obtenir les meilleurs résultats.

Comment approcher les gens sur Internet

Aborder des personnes que vous ne connaissez pas sur Internet peut être un défi, surtout si vous cherchez à réaliser des ventes ou à établir des partenariats commerciaux. Cependant, certaines pratiques peuvent vous aider à aborder ces personnes de manière efficace et respectueuse.

L'une des premières choses que vous pouvez faire est de rechercher la personne que vous souhaitez approcher.

Recherchez des informations sur les réseaux sociaux, les sites Web et les blogs et essayez de comprendre quels sont ses intérêts et ses objectifs. De cette façon, vous pouvez adapter votre approche et créer une connexion plus affirmée.

Une autre stratégie consiste à chercher à établir une relation de confiance avant d'approcher directement la personne avec une offre commerciale. Cela peut se faire en commentant les publications, en partageant du contenu pertinent et en s'engageant dans des groupes d'intérêts communs.

Lorsque vous approchez directement la personne, il est important d'être respectueux et clair quant à votre objectif. Soyez poli et évitez d'être invasif ou agressif dans la communication. Il est également important que l'offre que vous présentez soit pertinente pour la personne, et ne se résume pas à une simple tentative de vente à tout prix.

Il est important de rappeler que tout le monde ne sera pas disposé à recevoir une approche commerciale sur Internet. Respectez le droit de la personne de ne pas être intéressée et ne la forcez pas à changer d'avis. L'approche doit toujours être basée sur une relation de respect et d'intérêt mutuel.

Poser des questions pour comprendre les objectifs personnels et professionnels d'une personne peut être une stratégie efficace pour créer une approche plus affirmée et proposer des solutions adaptées à ses besoins.

Ci-dessous, je vais vous montrer quelques questions qui peuvent vous aider dans ce processus :

Quels sont vos principaux objectifs personnels et professionnels en ce moment ?

Qu'espérez-vous réaliser à court et à long terme ?

Quelles sont les principales difficultés que vous rencontrez dans votre vie personnelle ou professionnelle ?

Comment définissez-vous le succès dans votre vie personnelle et professionnelle ?

Selon vous, que devez-vous développer ou améliorer pour atteindre vos objectifs ?

Comment gérez-vous les changements ?

Quels sont vos principaux intérêts et passe-temps ?

Que recherchez-vous chez un partenaire commercial ou une entreprise pour laquelle vous travaillez ?

Lorsque la personne répondra à ces questions, vous aurez quelques idées pour développer la conversation et créer un lien fort avec ce client.

Comment approcher les professionnels

sur Linkedin

Avoir un script d'approche sur LinkedIn est un excellent moyen de communiquer avec d'autres professionnels et de démarrer des conversations avec plus d'efficacité et d'assurance. Cependant, il est important de se rappeler que le scénario doit servir de guide et non de formule.inflexible.

Chaque personne est unique et vous devez adapter votre approche en fonction de la situation et de la personne avec qui vous communiquez. De plus, il est important de personnaliser le message et de montrer un réel intérêt pour le profil du contact.

Il est donc important d'avoir un script d'approche bien structuré comme point de départ, mais d'être toujours ouvert aux adaptations et variations lors de la communication sur LinkedIn. De cette façon, vous pourrez créer des liens plus authentiques et durables sur le réseau social.

Découvrez ci-dessous quelques modèles très affirmés dans leur approche.

Bonjour [nom de la personne],

J'ai vu que vous travaillez dans le domaine [nom du domaine] et j'ai été très intéressé par votre parcours et votre expérience dans ce domaine. J'aimerais entrer en contact avec vous et échanger quelques idées sur les tendances et les défis de ce marché.

De plus, j'aimerais en savoir plus sur votre travail actuel et si vous avez des conseils pour quelqu'un qui débute dans le domaine.

Je crois que nous pouvons échanger beaucoup d'informations précieuses et, qui sait, même collaborer sur un projet à l'avenir.

J'attends votre réponse et vous remercie par avance de votre attention.

Cordialement,

[Votre nom]

Bonjour [nom de la personne],

J'ai beaucoup aimé votre profil et vos expériences professionnelles. J'ai réalisé que nous avions des choses en commun et je pense que nous pourrions parler de certaines idées que j'ai en tête.

Je recherche des personnes ayant une vision innovante et créative et je pense que vous pourriez avoir la vision dont j'ai besoin pour développer de nouveaux projets.

J'aimerais savoir si vous êtes disposé à parler davantage de vos expériences et de vos objectifs professionnels, et si possible, nous pourrions planifier un café virtuel pour échanger des idées.

J'attends votre réponse et vous remercie par avance de votre attention.

Cordialement,

[Votre nom]

Bonjour [nom de la personne],

Je parcourais LinkedIn et j'ai fini par tomber sur votre profil. J'ai été impressionné par votre expérience et les résultats obtenus, notamment dans le domaine de [nom de la zone].

Je travaille avec [votre domaine d'expertise] et je crois que nous pourrions échanger de précieuses informations et même trouver une certaine synergie entre nos domaines d'expertise.

J'aimerais savoir si vous êtes disponible pour une discussion rapide afin que je puisse en savoir plus sur vos expériences et vos projets en cours.

J'attends votre réponse et vous remercie par avance de votre attention.

Cordialement,

[Votre nom]

Comment trouver des clients sur YouTube

YouTube est une plateforme de partage de vidéos qui peut être un excellent outil pour trouver des clients potentiels. Pour trouver vos clients idéaux sur YouTube, suivez les étapes ci-dessous :

Identifiez votre public cible : Avant de commencer à rechercher des clients sur YouTube, il est important d'avoir une idée claire de votre public cible. Par exemple, si vous êtes coach d'affaires, votre public cible pourrait être constitué d'entrepreneurs et de propriétaires d'entreprise.

Rechercher des chaînes pertinentes : effectuez une recherche sur YouTube des chaînes pertinentes pour votre public cible. Par exemple, si vous êtes coach d'affaires, recherchez des chaînes liées aux affaires et à l'entrepreneuriat.

Interagissez avec les utilisateurs : regardez les vidéos de la chaîne et interagissez avec les utilisateurs via des commentaires. Répondez aux questions, donnez votre avis et montrez de l'intérêt pour leurs problèmes et leurs préoccupations.

Créez votre propre chaîne : créez votre propre chaîne YouTube et produisez du contenu pertinent pour votre public cible. Assurez-vous d'inclure des mots-clés pertinents dans les titres et les descriptions de vos vidéos.

Utilisez les publicités YouTube : YouTube propose des publicités pour vous aider à promouvoir vos vidéos et à toucher une audience plus large. Vous pouvez utiliser des publicités ciblées pour atteindre un public spécifique en fonction de son âge, de sa situation géographique et de ses intérêts.

Créez une incitation à l'action : dans vos vidéos, encouragez les spectateurs à s'abonner à votre chaîne, à visiter votre site Web ou à vous contacter pour plus d'informations.

En suivant ces étapes, vous pouvez utiliser YouTube pour trouver des clients potentiels et promouvoir efficacement votre entreprise.

N'oubliez pas qu'il est important de fournir un contenu précieux et pertinent à votre public cible et d'interagir avec les utilisateurs pour établir une relation et instaurer la confiance.

Comment prospecter des entreprises sur Google

Il existe plusieurs moyens efficaces pour prospecter des entreprises sur Google et les approcher correctement.

Recherche de mots clés : utilisez des mots clés pertinents pour votre entreprise et recherchez des entreprises qui pourraient bénéficier de vos services.

Annuaires d'entreprises : Il existe plusieurs annuaires d'entreprises disponibles sur Internet. Utilisez ces listes pour trouver des entreprises qui correspondent à votre profil client idéal.

Réseaux sociaux : de nombreuses entreprises sont actives sur les réseaux sociaux. Utilisez LinkedIn, Facebook et d'autres réseaux pour trouver des entreprises et vous connecter avec des personnes clés en leur sein.

Annonces : créez des annonces sur Google Ads qui ciblent les entreprises qui pourraient bénéficier de vos services. Assurez-vous que votre annonce est pertinente et attrayante pour votre public cible.

Participation à des événements : Participez à des événements liés à votre niche de marché. Ces événements sont de formidables opportunités de rencontrer d'autres entreprises et des personnes clés en leur sein.

Lorsque vous approchez des entreprises, assurez-vous d'avoir un message personnalisé et pertinent pour chacune. Démontrez que vous comprenez les besoins spécifiques de l'entreprise et comment vos services peuvent l'aider à atteindre ses objectifs. N'oubliez pas que l'objectif est de construire une relation durable avec l'entreprise, alors restez concentré sur la valeur que vous pouvez leur offrir.

Les erreurs qui vous empêchent de trouver vos clients idéaux

Il existe plusieurs erreurs qui peuvent éloigner une entreprise de ses clients, mais voici les erreurs les plus courantes qui devraient être évitées :

Manque de communication : Le manque de communication est l'une des erreurs les plus courantes qui éloignent une entreprise de ses clients. Si vous ne communiquez pas clairement et fréquemment avec vos clients, ils risquent de se sentir ignorés et de rechercher d'autres options sur le marché.

Manque d'attention aux besoins : Une autre erreur courante est de ne pas prêter attention aux besoins du client. Si vous ne proposez pas de produits ou de services qui répondent aux besoins de vos clients, ils peuvent rechercher d'autres options sur le marché.

Manque de service de qualité : un service de qualité est essentiel pour que les clients soient satisfaits et fidèles à votre entreprise. Si vous n'offrez pas un service de qualité, les clients risquent de se sentir sous-évalués.

Manque d'innovation : Le manque d'innovation peut rendre vos produits ou services obsolètes ou dépassés par rapport à la concurrence. Il est important de rester au courant des tendances du marché et d'investir dans de nouvelles technologies et idées pour proposer des solutions innovantes à vos clients.

Manque d'engagement : Il est important de faire preuve d'engagement envers vos clients en offrant un soutien et une assistance adéquats en cas de besoin et en garantissant la satisfaction du client dans tous les aspects.

L'importance du suivi en prospection

Le suivi est l'une des parties les plus importantes du processus de prospection. Souvent, les personnes que vous approchez ne sont pas prêtes à prendre une décision immédiate, soit par manque de temps, soit par manque de ressources. Cependant, cela ne veut pas dire qu'ils ne sont pas intéressés par votre offre. C'est pourquoi il est essentiel d'effectuer un suivi adéquat pour vous assurer de maintenir la relation avec le client potentiel et de pouvoir éventuellement conclure la transaction.

Mais qu'est-ce que le suivi ?

Le suivi est l'action de rester en contact avec un client potentiel après la première interaction. Cette interaction peut avoir eu lieu via un appel téléphonique, un e-mail, un message sur les réseaux sociaux ou tout autre moyen de communication. Le but du suivi est de garder le prospect intéressé par votre offre et éventuellement de réaliser une vente.

Cette stratégie est importante car la plupart des gens ne concluent pas de transactions immédiatement. En fait, la plupart des transactions sont conclues après plusieurs interactions. En effet, les gens ont souvent besoin de temps pour réfléchir et analyser leurs options avant de prendre une décision.

En donnant suite, vous rappelez votre offre au prospect et démontrez votre intérêt à l'aider. Cela contribue à renforcer la confiance et la crédibilité, ce qui est essentiel pour réaliser une vente.

De plus, le suivi permet de garantir que vous ne manquez pas d'opportunités commerciales. Parfois, un client potentiel peut être intéressé par votre offre mais avoir oublié de répondre ou avoir été interrompu par d'autres obligations. En effectuant un suivi, vous restez devant le prospect et vous vous assurez qu'il

ne vous oublie pas.

méthode 30D

La Méthode de Prospection 30D est une stratégie qui consiste à approcher au moins 10 personnes par jour pendant 30 jours, en manifestant votre intérêt à les aider avec vos services ou solutions. L'idée derrière cette méthode est de créer une habitude de prospection cohérente et systématique, qui se traduira par des résultats positifs à long terme.

La première étape pour mettre en œuvre la Méthode 30D est de définir clairement votre public cible et quels sont vos objectifs de prospection. Grâce à ces informations, vous pouvez identifier les personnes qui sont des clients potentiels et les approcher avec un message personnalisé et ciblé.

Durant les premiers jours de la méthode, vous pourrez rencontrer des résistances, voire des rejets. Il est cependant important de ne pas se décourager et de continuer à se concentrer sur son objectif d'approcher une personne par jour.

Au fil du temps, vous développerez des compétences de communication et de persuasion qui vous aideront à devenir plus efficace en prospection.

Au cours des 30 jours, il est important de conserver une trace de toutes les démarches effectuées, ainsi que de toutes les conversations engagées. Cela vous permettra d'évaluer ce qui fonctionne et ce qui ne fonctionne pas, et d'ajuster votre approche en fonction des résultats que vous obtenez.

Enfin, il est important de rappeler que la Méthode de Prospection 30D est une stratégie à long terme, qui demande cohérence et persévérance. Même si les résultats ne sont pas immédiats, si vous faites preuve de discipline et de détermination, les résultats viendront certainement. Il n'y a aucun moyen de résister à une démarche sincère et à un intérêt à aider, surtout lorsque l'offre est ciblée sur les besoins spécifiques du client potentiel.

Ainsi, si vous souhaitez augmenter votre taux de conversion et assurer un flux constant de nouvelles affaires, la méthode de prospection 30D est la stratégie qu'il vous faut. N'oubliez pas que le succès en prospection dépend principalement de la cohérence et de la persévérance, alors restez concentré et continuez à avancer !

Entonnoir relationnel avec messagerie sur les réseaux sociaux

Il convient de rappeler que cet entonnoir n'est qu'une suggestion et peut être adapté en fonction des besoins de votre entreprise.

Premier contact : A cette étape, vous devez chercher à établir une connexion avec le client potentiel.

Une bonne façon de démarrer cette conversation est d'envoyer un message bref et personnalisé, mentionnant un point commun que vous avez.

Par exemple : "Bonjour, j'ai remarqué que tu es aussi fan de *Tedx*! Quel est votre favori?"

Résoudre les objections : il est courant que des clients potentiels aient des objections avant de conclure une transaction.

A ce stade, vous devez anticiper ces objections et travailler à les minimiser. Une façon d'y parvenir consiste à diffuser des messages qui renforcent les avantages de votre produit/service et répondent aux éventuelles questions des clients.

Par exemple : « Je comprends que vous puissiez avoir des doutes sur l'efficacité de notre produit, mais gardez à l'esprit qu'il a déjà été testé et approuvé par de nombreux clients satisfaits. »

Preuve sociale : ici, vous devez utiliser des messages qui montrent le succès et la satisfaction des autres clients. Cela peut se faire par le biais de témoignages, d'histoires de réussite ou même de références d'anciens clients. Par exemple : "Découvrez ce que certains de nos clients disent de notre entreprise..."

Offre : À ce stade, vous devez présenter une offre irrésistible au client, qui l'encourage à conclure la transaction.

Une façon d'y parvenir consiste à utiliser des messages qui mettent en évidence la valeur que le client recevra lors de l'achat de votre produit/service.

Par exemple : « Ne manquez pas l'opportunité d'atteindre vos objectifs avec notre produit ! Désormais, pour une durée limitée, nous offrons une remise spéciale aux nouveaux clients.

Clôture : ici, vous devez utiliser des messages qui encouragent le client potentiel à prendre une décision et à conclure la transaction. Il est important de rappeler que, même à cette étape, vous devez maintenir une approche respectueuse et personnalisée, en tenant compte des besoins et des préférences du client.

Par exemple : « Je suis là pour vous aider si vous avez des questions ou des préoccupations. Que pensez-vous de commencer dès maintenant pour atteindre vos objectifs ensemble ? »

N'oubliez pas que l'entonnoir relationnel n'est pas un processus linéaire et que le client potentiel peut vous contacter à n'importe laquelle de ces étapes. L'important est de maintenir une communication claire et objective, centrée sur les besoins du client, et de travailler à gagner sa confiance au fil du temps.

Création d'une proposition commerciale

impossible d'ignorer

Une proposition commerciale est essentielle pour remporter de nouveaux marchés et conclure des contrats.

Je vais vous présenter une structure infaillible pour vous aider à créer une proposition commerciale réussie :

Connaître le client : Avant de préparer une proposition, il est important de comprendre les besoins et les attentes de votre client potentiel.

Faites des recherches sur l'entreprise et la personne avec qui vous communiquerez. Cela vous aidera à personnaliser la proposition et à augmenter les chances de succès.

Définissez les objectifs : il est important d'être clair sur ce que votre proposition souhaite réaliser. Définissez les objectifs que vous espérez atteindre avec votre client potentiel, comme augmenter les ventes, réduire les coûts ou améliorer les performances.

Proposez des solutions spécifiques : dans la proposition, mettez en évidence les solutions que vous pouvez proposer pour résoudre les problèmes du client. Soyez clair et objectif en présentant les avantages et les bénéfices de votre offre.

Présentez les différences : Il est important de mettre en évidence les différences entre votre entreprise et ses concurrents. Montrez ce qui rend votre entreprise unique et quel avantage cela apportera au client.

Définir la valeur : Dans la proposition, présentez la valeur du service ou du produit que vous proposez et justifiez le prix. Montrez en quoi votre offre est un bon investissement pour le client.

Faites preuve de crédibilité : présentez les réussites de votre entreprise et les témoignages de clients satisfaits. Cela contribuera à accroître la crédibilité de votre proposition et la confiance du client.

Incluez un appel à l'action : enfin, incluez un appel à l'action dans la proposition, invitant le client à conclure une transaction ou à nous contacter pour plus d'informations.

N'oubliez pas qu'une proposition commerciale bien conçue peut faire la différence entre conclure ou non un contrat. Consacrez du temps et des efforts à créer une proposition personnalisée et efficace pour votre client idéal.

Conclusion

Tout au long de ce matériel, vous avez appris plusieurs stratégies pour trouver et conquérir votre client idéal.

Grâce à l'utilisation de questions psychographiques, de hashtags sur les réseaux sociaux, de scripts d'approche et d'entonnoir relationnel, vous aurez plus de facilité à identifier les besoins et les attentes de votre public cible.

Nous savons que trouver le client de vos rêves peut être un défi, mais avec les techniques présentées dans ce document, vous disposerez des outils nécessaires pour vous démarquer sur le marché et gagner les clients les plus précieux.

N'oubliez pas qu'en plus d'appliquer ces stratégies, il est important de faire preuve de persévérance et de créativité lorsque vous approchez des clients potentiels.

Une pratique constante et l'analyse des résultats obtenus vous aideront à améliorer vos compétences en vente et à devenir un professionnel de plus en plus performant.

Profitez de toutes les connaissances acquises et mettez-les en pratique le plus rapidement possible.

Nous sommes convaincus que vous atteindrez vos objectifs et gagnerez la liberté et la confiance nécessaires pour approcher les clients les plus précieux du marché.

Succès!